Animales de primavera

Julie Murray

Abdo Kids Junior es una
subdivisión de Abdo Kids
abdobooks.com

Abdo
LAS ESTACIONES:
¡LLEGA LA PRIMAVERA!
Kids

abdobooks.com

Published by Abdo Kids, a division of ABDO, P.O. Box 398166, Minneapolis, Minnesota 55439. Copyright © 2024 by Abdo Consulting Group, Inc. International copyrights reserved in all countries. No part of this book may be reproduced in any form without written permission from the publisher. Abdo Kids Junior™ is a trademark and logo of Abdo Kids.

102023
012024

Spanish Translator: Maria Puchol

Photo Credits: iStock, Shutterstock

Production Contributors: Teddy Borth, Jennie Forsberg, Grace Hansen

Design Contributors: Candice Keimig, Pakou Moua, Dorothy Toth

Library of Congress Control Number: 2023939726

Publisher's Cataloging-in-Publication Data

Names: Murray, Julie, author.

Title: Animales de primavera/ by Julie Murray

Other title: Spring animals. Spanish

Description: Minneapolis, Minnesota: Abdo Kids, 2024. | Series: Las estaciones: ¡Llega la primavera! | Includes online resources and index

Identifiers: ISBN 9781098269692 (lib.bdg.) | ISBN 9798384900252 (ebook)

Subjects: LCSH: Spring--Juvenile literature. | Animals--Juvenile literature. | Spring animals--Juvenile literature. | Seasons--Juvenile literature. | Spanish Language Materials--Juvenile literature.

Classification: DDC 508.20--dc23

Contenido

Animales de
primavera 4

Más animales
de primavera 22

Glosario 23

Índice 24

Código Abdo Kids . . .24

Animales de primavera

¡Ya ha llegado la primavera! ¡Hay animales por todas partes!

Los **pollitos** son suaves.

Caminan con sus mamás.

Las abejas zumban.

Están buscando flores.

Los conejos se comen

las plantas.

Las crías de las aves están en los nidos. Pronto volarán.

Las ranas **croan**.

Los cerditos nacen,

son pequeños.

Los **cachorros** de oso están creciendo. Se mantienen cerca de su mamá.

¿Qué animales de primavera puedes ver?

Más animales de primavera

la ardilla listada

las crías de animales de granja

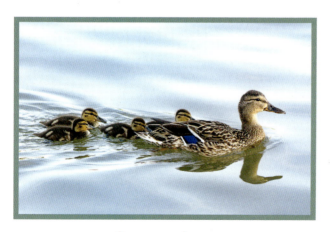

los patos

el venado

Glosario

cachorro
cría de algunos animales, por ejemplo los osos o leones.

pollito
ave joven o recién nacida del cascarón, especialmente los pollos.

croar
sonido grave y ronco que hacen las ranas.

Índice

abejas 8

aves 12

cerdos 16

conejos 10

crías 6, 12, 16, 18

osos 18

pollitos 6

ranas 14

¡Visita nuestra página **abdokids.com** y usa este código para tener acceso a juegos, manualidades, videos y mucho más!

Los recursos de internet están en inglés.

Usa este código Abdo Kids

SSK5867

¡o escanea este código QR!